BEI GRIN MACHT SICH IHR WISSEN BEZAHLT

- Wir veröffentlichen Ihre Hausarbeit, Bachelor- und Masterarbeit

- Ihr eigenes eBook und Buch - weltweit in allen wichtigen Shops

- Verdienen Sie an jedem Verkauf

Jetzt bei www.GRIN.com hochladen und kostenlos publizieren

Bibliografische Information der Deutschen Nationalbibliothek:

Die Deutsche Bibliothek verzeichnet diese Publikation in der Deutschen National-
bibliografie; detaillierte bibliografische Daten sind im Internet über http://dnb.d-
nb.de/ abrufbar.

Dieses Werk sowie alle darin enthaltenen einzelnen Beiträge und Abbildungen
sind urheberrechtlich geschützt. Jede Verwertung, die nicht ausdrücklich vom
Urheberrechtsschutz zugelassen ist, bedarf der vorherigen Zustimmung des Verla-
ges. Das gilt insbesondere für Vervielfältigungen, Bearbeitungen, Übersetzungen,
Mikroverfilmungen, Auswertungen durch Datenbanken und für die Einspeicherung
und Verarbeitung in elektronische Systeme. Alle Rechte, auch die des auszugsweisen
Nachdrucks, der fotomechanischen Wiedergabe (einschließlich Mikrokopie) sowie
der Auswertung durch Datenbanken oder ähnliche Einrichtungen, vorbehalten.

Impressum:

Copyright © 2010 GRIN Verlag, Open Publishing GmbH
Druck und Bindung: Books on Demand GmbH, Norderstedt Germany
ISBN: 9783668571952

Dieses Buch bei GRIN:

http://www.grin.com/ce/e-book/379439/die-rolle-der-bulgarischen-orthodoxen-
kirche-bei-der-rettung-der-juden

Ivaylo Naydenov

Die Rolle der Bulgarischen Orthodoxen Kirche bei der Rettung der Juden in Bulgarien zur Zeit des Holocausts

GRIN Verlag

GRIN - Your knowledge has value

Der GRIN Verlag publiziert seit 1998 wissenschaftliche Arbeiten von Studenten, Hochschullehrern und anderen Akademikern als eBook und gedrucktes Buch. Die Verlagswebsite www.grin.com ist die ideale Plattform zur Veröffentlichung von Hausarbeiten, Abschlussarbeiten, wissenschaftlichen Aufsätzen, Dissertationen und Fachbüchern.

Besuchen Sie uns im Internet:

http://www.grin.com/

http://www.facebook.com/grincom

http://www.twitter.com/grin_com

Die Rolle der Bulgarischen Orthodoxen Kirche bei der Rettung der Juden in Bulgarien zur Zeit des Holocausts*

Eine Geschichte ohne Gegenwart

IVAYLO NAYDENOV

This article offers a short view on historical facts related to the role of the Bulgarian Orthodox Church in saving the Jews. In its efforts to protect them, the Bulgarian Orthodox Church acts in the virtue of the fundamental Christian principles. The representatives of the Church were against the attempt to consider Jews as a "security risk" and defended the people's friendly attitude towards them, which they considered completely justified. After 70 years since the salvation of Abraham's children from the extermination camps, the dialogue between the two theological factors – church and synagogue – is missing.
Keywords: *Holocaust, Bulgarian Orthodox Church, salvation of the Jews, Church-Synagogue dialogue.*

Über die Rettung bulgarischer Juden in der Zeit des II. Weltkrieges ist in Bulgarien, besonders nach der Wende, sehr viel geschrieben worden. Und es ist so, weil es einfach und angenehm ist, über etwas Positives und Heldenhaftes zu berichten. Man schreibt leicht über die „gute Geschichte". Traurig ist aber, dass die gute Geschichte heute nicht mit einem neuen Inhalt gefüllt oder neu interpretiert wird, sondern bloß wiederholt erzählt wird, um leere Felder unserer Gegenwart zu füllen.

In diesem Vortrag biete ich eine Zusammenfassung historischer Fakten im Zusammenhang mit der Rolle der Bulgarischen Orthodoxen Kirche bei der Rettung der Juden in Bulgarien sowie persönliche Beobachtungen darüber, was heute zwischen zwei traditionell befreundeten religiösen Gesellschaften in Bulgarien – der christlichen und der jüdischen – passiert oder nicht passiert.

Das bulgarische Volk bekannte sich in seiner tausendjährigen Geschichte stets zum Glaubensbekenntnis der Orthodoxen Kirche, welcher es sein Überleben und die Bewahrung seines Volkscharakters verdankt. Am Vorabend des II. Weltkrieges ist die Bulgarische Orthodoxe Kirche die einzige rechtmäßige Institution außerhalb des staatlichen Organisationsapparates, die breite Volksschichten erfassen konnte. Die Kirchen waren voll und die Kirchenleitung konnte mit der Unterstützung der Gläubigen rechnen. Trotz des vom Patriarchat von Konstantinopel ausgesprochenen Schismas genoss

---

*Dieser Text ist erstmals erschienen in: "REVISTA ECUMENICA SIBIU (RES), anul II, numarul 1, martie 2010, "Der jüdisch-christliche Dialog im orthodoxen Raum", S. 83-91.

Ivaylo Naydenov

die Bulgarische Kirche internationale Anerkennung[1]. So kann man für die Haltung der bulgarischen Kirche in dieser Zeit feststellen: Die Kirche war für ihr Volk da. Viel ausgeprägter als die bulgarische Regierung hat die Kirche eine weitgehende Unabhängigkeit Bulgariens gewahrt[2].

Bulgarische Christen und Juden lebten innerhalb der Landesgrenzen seit Jahrhunderten in Frieden und Eintracht miteinander. So entstanden in den Städten keine Ghettos, sondern in jüdischen Wohnvierteln lebten auch bulgarische Christen und umgekehrt. Für die christlichen Bulgaren war ihre Heimat zugleich auch die Heimat der Juden, die ihrerseits dasselbe empfanden. So beteiligten sich auch die Juden an den Kämpfen zur Wiedervereinigung Bulgariens, mit dessen Schicksal sie sich eng verbunden fühlten. Die beste Bezeichnung dieser Situation bietet die Aussage Bischof Paisijs, des Metropoliten von Vraza, im Plenum des Heiligen Synods vom 2. April 1943:

> „Die Juden verlassen unser Land, das für sie Heimat bedeutet. Sie übersiedeln in einen für sie fremden Staat, wo sie weder Zuflucht und Beistand, noch weniger Mitgefühl finden werden, wo es keine geregelten Rechtsverhältnisse gibt und die jüdische Minderheit eine gefühllose und ungerechte Behandlung zu erwarten hat."[3]

Bei seinen Bemühungen um den Schutz der bulgarischen Juden ließ sich der Heilige Synod, als oberste Instanz der Bulgarischen Orthodoxen Kirche, von den grundlegenden Prinzipien des christlichen Glaubens und der christlichen Ethik leiten. Die Vertreter der Kirche stellten sich gegen den Versuch, die Juden als „Sicherheitsrisiko" zu betrachten, und verteidigten die freundliche Haltung des Volkes ihnen gegenüber als voll gerechtfertigt. Am 3. April 1941 erklärte Metropolit Paisij seitens des Heiligen Synods: „Wir dürfen nicht zulassen, dass uns die weltliche Macht von den Ursprüngen der Lehre Jesu abbringe."[4]

---

[1] Nikolaj Chivarov, „Die Bulgarisch-Orthodoxe Kirche und die Rettung der bulgarischen Juden", in *Österreichische Osthefte*, 2000, Heft 1, S. 36.

[2] Hans-Dieter Döpmann, *Kirche in Bulgarien von den Anfängen bis zur Gegenwart*, Neue Folge Bd. 11, München 2006, S. 70.

[3] Protokol Nr. 4 ot 02.04.1943 ot izwanrednata sesia na palnia sastav na sw. Sinod na BPC srestu opitite na prawitelstwoto za izselwane na ewreite ot razlichni gradowe w stranata. (Protokoll Nr. 4/2.04.1943 von der Sondersitzung der vollzähligen Besetzung des Hl. Synods der Bulgarischen Orthodoxen Kirche gegen die Versuche der Regierung für die Aussiedlung der Juden von verschiedenen Städten des Landes) – in *Glasowe w zastita na grajdanskoto ebstestwo. Protokoli na sw. Sinod na BPC po ewrejskiq wypros (1940-1944)*. Sofia 2002, S. 80-81.

[4] Protokol Nr.2 ot 03.04.1941 na palnia sastav na sw. Sinod na BPC za blagoslowenie brakowe

Die Rolle der Bulgarischen Orthodoxen Kirche bei der Rettung der Juden

Die bulgarische Regierung arbeitete an einer Variante der Nürnberger Rassengesetze, die als „Gesetz zum Schutz der Nationen" in Bulgarien verlautbart werden sollte. Noch in der Vorbereitungsphase gerieten Staat und Kirche aneinander. Entgegen den Vermutungen des Staates nahm die Bulgarische Orthodoxe Kirche nicht gegen die Juden Stellung. In jener Zeit bestand keine Trennung von Kirche und Staat, und so betrachtete die Regierung die Kirche trotz ihres speziellen Status als staatliche Einrichtung, die juristisch und finanziell dem Ministerrat und dem Parlament untergeordnet war. Aus diesem Grund hatte die Regierung mit der vollen Unterstützung der Kirche gerechnet, umso mehr, als das vorbereitete Rassengesetz ja bulgarische Bürger anderer Konfession betraf. Man versprach sich eine große Wirkung davon, die verschiedenen Konfessionen einander zu entfremden und Misstrauen zwischen ihnen zu säen[5]. Täuschung! Angefangen vom Heiligen Synod stimmte die Kirche als Ganzes dem Regierungsvorhaben nicht zu und vertrat sogar einen gegensätzlichen Standpunkt. Der Heilige Synod sah im neuen Gesetz eine Untergrabung der christlichen Ethik sowie der Tradition der Kirche und des Volkes. Deshalb bereitete der Heilige Synod eine offizielle Erklärung (15. November 1940) mit folgenden Forderungen vor: Alle Personen jüdischer Abstammung und bulgarischer Staatsangehörigkeit, die sich bereits zum christlich-orthodoxen Glauben bekennen, sind allen übrigen orthodoxen Bulgaren gleichzustellen, und gegen Juden als ethnische Minderheit sind keine Verfügungen zu treffen[6]. Am 6. Dezember 1940 veröffentlichte der Sekretär des Heiligen Synods, Bischof Nikodim, späterer Metropolit von Sliven, das Referat „Das Los des jüdischen Volkes", wo er mit Nachdruck hervorhob, dass die Judenverfolgung nicht sinnvoll zu begründen sei und jeder von uns den Juden christliche Nächstenliebe entgegenbringen solle. Trotz dieser klaren Position der Kirche und ihrer Mitglieder ging die Regierung schließlich doch daran, das „Gesetz zum Schutz der Nation" im Parlament durchzusetzen.

---

mejdu hristiani ot ewreiski proizhod I lica ot bylgarski proizhod pri nalitchieto na zabranata im ot zakona za zastita na naciata. (Protokoll Nr. 2/3.04.1941 von der Sondersitzung der vollzähligen Besetzung des Hl. Synods der Bulgarischen Orthodoxen Kirche für das Segnen von Ehen zwischen Christen jüdischer Herkunft und Personen bulgarischer Herkunft bei dem Vorhandensein vom Verbot gemäß des Gesetzes zum Schutz der Nation) – in *Glasowe w zastita na grajdanskoto obstestwo...*, S. 47-53.

[5] N. Chivarov, *Die Bulgarisch-Orthodoxe Kirche...* S. 40.

[6] Protokol 13/15.11.1940 ot izwyrednata sesia na palnia sastav na sw. Sinod na BPC za priemane teksta na izlojenieto do predsedatelia na NS po zakona za zastita na naciata. ((Protokoll Nr. 12/15.11.1940 von der Sondersitzung der vollzähligen Besetzung des Hl. Synods der Bulgarischen Orthodoxen Kirche für die Annahme des Textes der Deklaration an den Vorsitzenden der Volksversammlung über das Gesetz zum Schutz der Nation) in *Glasove w zastita na grajdanskoto obstestwo...* S. 35-41; *Carkoven vestnik* (Kirchenzeitung), Nr. 44, 22.11.1940.

Ivaylo Naydenov

Trotz der Durchführungsverordnung zum „Schutzgesetz" hat die Bulgarische Kirche neue Aktionsmöglichkeiten gesucht. Durch Taufe und Trauung nach christlich-orthodoxem Ritus bestand für Juden eine gute Möglichkeit, ihren Namen zu ändern und sich formell zum Christentum zu bekennen. Damit war es ihnen leichter möglich, sich der Verfolgung nach dem geltenden „Schutzgesetz" zu entziehen. Das Innenministerium beauftragte die Standesämter, Namensänderungen zu erschweren und nach Möglichkeit überhaupt zu unterbinden. In dieser Situation spielten die Pfarrer eine wichtige Rolle. Sie entdeckten immer wieder neue Möglichkeiten, Auswege zu finden. Sie spendeten nicht nur weiter das Taufsakrament, sondern stellten auch vordatierte Taufscheine aus. In diesem Vorhaben hatten sie natürlich die Unterstützung des Heiligen Synods, beziehungsweise des Metropoliten.

Die Regierung bahnte rasch Maßnahmen an, um alle von der Kirche unternommenen Schritte zur Rettung der bulgarischen Juden zu vereiteln. Die Tage, an denen der Ministerrat seinen Beschluss „die Taufscheine der im Jahre 1943 getauften Juden nicht anzuerkennen und diese Personen außer Landes zu verweisen" verlautbarte, sind von großer Dramatik geprägt. Diese Vorgehensweise stützte sich keineswegs auf einen Konsens bezüglich der Gültigkeit der drei Jahre früher ausgestellten Taufscheine; vielmehr lässt dieser Regierungsbeschluss deutlich die Absicht zur Verletzung des Kirchenrechtes erkennen.

In der Sondersitzung der vollzähligen Besetzung des Heiligen Synods der Bulgarischen Orthodoxen Kirche am 2. April 1953 berichteten die Metropoliten, was jeder von ihnen inzwischen gegen das Schutzgesetz unternommen und organisiert hatte[7]. Nach den persönlichen Berichten der Metropoliten erging ein Protestschreiben des vollständigen Heiligen Synods an den Ministerpräsidenten Filov, in dem es heißt:

> „Das Prinzip des Rassismus, demzufolge gewisse Mitglieder der Gemeinschaft verfolgt, eingeschränkt und ihrer Rechte beraubt werden können, nur weil sie einer bestimmten Rasse angehören, in diesem Falle der jüdischen Rasse, kann vom Standpunkt der christlichen Ethik aus nicht gerechtfertigt werden. ... Unser Volk mit seiner Seele und seinem Gewissen, mit seinem Bewusstsein und seiner Überzeugung, kann keinerlei Ungerechtigkeit, Grausamkeit und Gewalt gegenüber irgendjemandem dulden. ... Gottes Gesetz, welches alle menschlichen

---

[7] David Koen, *Evreite w Balgaria (Die Juden in Bulgarien) (1878-1949)*, Sofia, 2008, S. 247; Bar-Zoar Mihael, *Izwyn hvatkata na Hitler (Außerhalb des Griffes von Hitler)*, Sofia 1999, S. 164-174.

Gesetze übersteigt, verpflichtet uns unbedingt, dass wir den Leiden eines unschuldigen Volkes, gleich welcher Rasse, nicht indifferent gegenüberstehen dürfen. ... Die Bulgarische Orthodoxe Kirche ist der Ansicht, dass sie den Verfolgten und Unterdrückten ihre Hilfe nicht versagen kann. Würde sie diese Hilfe verweigern, so würde sie sich selbst untreu werden."[8]

Mehrere Metropoliten äußerten sich diesbezüglich von der Kanzel. Metropolit Stefan von Sofia verbarg den Oberrabiner bei sich, Metropolit Kiril von Plovdiv, der spätere Patriarch, heftete sich, so heißt es, den Judenstern an den Talar. Er gewährte Juden in seinem Hause Schutz, erklärte seinen Ungehorsam gegenüber dem Staat und rechnete mit seiner Verhaftung. Er erzählt in seiner Selbstbiographie:

„Als in Plovdiv, wo ich damals Metropolit war, die Juden verhaftet wurden und aus Bulgarien abtransportiert werden sollten, habe ich mich an den hochwürdigen Metropoliten Neofit (damals Vorsitzender des Heiligen Synods) und an noch einige Metropoliten, unter denen sich auch Metropolit Paisij befand, gewendet und sie alle wissen lassen, dass ich von diesem Augenblick an aufhöre, ein loyaler Bürger zu sein. Möge geschehen, was wolle. Dies solle der Heilige Synod noch zur Kenntnis nehmen. Von meinen älteren Brüdern (Bischöfen) erhielt ich volle Ermunterung"[9].

Die Machthaber konnten aber nicht einfach untätig verharren und zusehen, wie ihre „legitime Gewalt" unterminiert wurde. So leitete man eine Kampagne zur Diffamierung jener kirchlichen Würdenträger ein, die sich bei der Bekämpfung des „Schutzgesetzes" am weitesten vorgewagt hatten. Man erließ anonyme Flugblätter gegen die Metropoliten von Sofia, Stefan, und Plovdiv, Kiril. In dieser Situation beschloss der Heilige Synod, rigorose Schritte zu unternehmen, um diesen Provokationen und Hetzaktionen gegen die Kirche ein für allemal ein Ende zu bereiten.

Die Antisemiten hatten den günstigen Zeitpunkt für ihre Propaganda verpasst. Lange bevor sich die staatlichen Propagandisten anschickten, ihre Verleumdungen gegen die Juden zu verbreiten, war das Volk bereits durch die Geistlichen darüber informiert, was man von dem Gerede über Ritualmorde,

---

[8] *Glasove w zastita...* Protokoll vom 2.04.1943.... S. 87-88; H.-D Döpmann, „Aus der Bulgarischen Orthodoxen Kirche", in *Kirche im Osten*, Bd. 39, Göttingen 1996, S. 149-166

[9] Auszug aus der Autobiographie des Patriarchen Kiril. Deutsche Übersetzung in D. Slijepcevic, *Die Bulgarische Orthodoxe Kirche 1944-1956*, München 1957, S. 5 f.

die „Protokolle der Weisen von Zion" und andere Schundschriften zu halten hatte[10]. Unerwartete innen- und außenpolitische Veränderungen, wie der plötzliche Tod von König Boris III. am 28. August 1943, die Misserfolge der deutschen Wehrmacht an der Ostfront und der Widerstand der bulgarischen Bevölkerung, insbesondere der Bulgarischen Orthodoxen Kirche, geboten der bis dahin eskalierenden Verfolgung der bulgarischen Juden allmählich Einhalt. Von Verschleppungen in Vernichtungslager war nicht mehr die Rede. Die Aktivitäten des Heiligen Synods und anderer repräsentativer Organe der Kirche, der Widerstand von Geistlichen und Laien im kirchlichen Geist waren von Erfolg gekrönt. Der Dank der geretteten Juden blieb nicht aus und wurde von den Konsistorien Jahr für Jahr bestätigt.

Die Bulgarische Orthodoxe Kirche fasst solche Danksagungen nicht als wohlverdientes Lob auf, noch weniger als Anspielung auf würdige Pflichterfüllung im Sinne Christi, sondern einzig und allein als eine Bestätigung dafür auf, dass sie jahrhundertelang den einzig richtigen Weg zum Ausbau der Freundschaft beschritten hatte, die Töchter und Söhne von zwei Volksstämmen unterschiedlicher Abstammung und Religion, unterschiedlicher Sitten und Traditionen, in Frieden und Eintracht in einem Lande zusammenzuführen.

Bis hierher war Geschichte, die gute Geschichte. Was bietet uns aber die Gegenwart?

In Bulgarien wohnen heute, fast 70 Jahre nach der seltsamen Rettung der Kinder Abrahams vor den Vernichtungslagern, Christen und Juden so wie vorher zusammen. In dieser Zeit versuchten verschiedene Organisationen, die wichtigste Rolle bei dieser Rettung für sich zu beanspruchen und zu nutzen. Nach der Wende erwachte das schlechte Gewissen der Politiker und so wurde 2003 durch Beschluss des Ministerrates der 10. März als Tag des Holocausts in Bulgarien bestimmt. Ein Jahr vorher erklärte der Staat Israel die Metropoliten Stefan und Kiril als Gerechte der Nationen und nannte in Jerusalem einen Park „Bulgarien". Inzwischen wurden auch zahlreiche Veranstaltungen von verschiedenen wissenschaftlichen und gesellschaftlichen Einrichtungen über die gemeinsame Geschichte der beiden Gemeinden organisiert.

Mir fehlt aber in dieser Aufzählung von Veranstaltungen und Initiativen die Bulgarische Orthodoxe Kirche, ihre Hierarchie und das Priestertum. Mir fehlt das theologische Gespräch zwischen zwei theologischen Größen – Kirche und Synagoge.

---

[10] N. Chivarov, *Die bulgarisch orthodoxe Kirche...* S. 54.

Noch mehr. Es ist vor Kurzem etwas passiert, was nicht nur mich in Erstaunen versetzte. Am 9. September dieses Jahres (2009) hat die Synagoge in Sofia (die größte Synagoge auf dem Balkan und drittgrößte in Europa) nach einer gründlichen Renovierung ihr 100-jähriges Jubiläum gefeiert. Zu dem großen Fest wurden die Mitglieder des Heiligen Synods mit großer Ehre und Würde eingeladen. Leider nahmen die Metropoliten an der feierlichen Versammlung nicht teil. Einzig Metropolit Dometian von Vidin war aus eigenem Willen und eigener Entscheidung anwesend. Alle anderen Metropoliten hatten abgesagt mit dem Argument, dass der Heilige Synod einen Entschluss gefasst hatte, dass Orthodoxe mit Andersgläubigen nicht zusammen sein sollten. In diesem Fall stelle ich mir die Frage: Wer ist orthodox? Dieser, der, geführt von der Liebe zu dem Nächsten die Andersgläubigen gerettet hat, oder dieser, der um der Reinheit des eigenen Glaubens Willen, mit Andersgläubigen nicht zusammen sein will? Die Geschichte hat diese Frage bereits beantwortet.

Wie nützlich ist es, die gute Geschichte zu erinnern, wenn man mit der Gegenwart nicht zufrieden und nicht stolz auf sie sein kann?!

BEI GRIN MACHT SICH IHR WISSEN BEZAHLT

- Wir veröffentlichen Ihre Hausarbeit, Bachelor- und Masterarbeit

- Ihr eigenes eBook und Buch - weltweit in allen wichtigen Shops

- Verdienen Sie an jedem Verkauf

Jetzt bei www.GRIN.com hochladen und kostenlos publizieren